Entre rizières et rivières

1125 kms au guidon d'une moto

Dans le Delta du Mékong

Entre rizières et rivières

1125 kms au guidon d'une moto

Dans le Delta du Mékong

Didier René

En application de l'art. L.137-2.-I. du code de la propriété intellectuelle, toute reproduction et/ou divulgation de parties de l'œuvre dépassant le volume prévu par la loi est expressément interdite.

© Didier René, 2024

Relecture : Didier René
Correction : Didier René

Édition : BoD · Books on Demand GmbH, In de Tarpen 42, 22848 Norderstedt (Allemagne)
Impression : Libri Plureos GmbH, Friedensallee 273, 22763 Hambourg (Allemagne)

ISBN : 978-2-3225-5608-3
Dépôt légal : Octobre 2024

PREFACE

Pourquoi le Delta du Mékong ?

Ce carnet de route est un témoignage inédit qui aborde le thème de la découverte d'une région singulière au guidon d'une moto russe exportée au Vietnam et utilisée à Ho-Chi-Minh Ville avant de parcourir l'immense Delta du Mékong, exubérant paradis tropical de vergers et plantations de fleurs exotiques encore largement méconnu. Ce carnet de route décrit deux semaines au guidon de cette fameuse Minsk deux-temps de 125 c^3 et raconte au jour le jour l'itinéraire hors des circuits touristiques classiques.

Et même si l'engouement pour ce deux-roues populaire et passe-partout des années 80 et 90 a évolué, l'attrait pour le raid à moto off-road fait rêver bien des occidentaux avec le terme évocateur ''road-trip'' qui est devenu synonyme de découverte et d'aventure sur des pistes poussiéreuses ou des chemins boueux.

Résidant au Vietnam depuis 1996, en Octobre 2005, l'opportunité de sillonner l'extrême sud du Vietnam m'est donnée. Travaillant sur un projet d'hypothétique commercialisation de croisières fluviales dans le Delta du Mékong et étant censé connaître la région à promouvoir, il a été décidé d'un commun accord avec Max, le propriétaire du China-Blue, ancien croiseur côtier de 24 mètres, que je partirai en reconnaissance moto du 02 au 17 novembre 2005, dans le but de repérer et identifier les zones d'intérêt pour des touristes occidentaux. L'initiateur de cette idée, me confie ce projet depuis un mois dans l'objectif de concevoir de futurs et novateurs périples à bord de ce vaisseau aménagé en confortable vedette fluviale de quatre cabines et d'un pont arrière couvert.

Je suis donc enthousiaste de parcourir ce circuit de plus de 1 100 kilomètres au guidon de la Minsk MMVZ 3 de 125 cm3 qui m'a véhiculé au quotidien au Vietnam depuis une dizaine d'années, d'abord à Hanoï, puis maintenant Ho-Chi-Minh-Ville. Le Delta du Mékong que j'ai visité en bus lors de mon premier séjour au Vietnam en 1994, me rappelle ces deux semaines d'aventures ou l'imprévu, qui arrivait souvent au coin de la rue, était alors le quotidien pour un globe-trotteur occidental.

Retrouvez la carte interactive et zoomable, ainsi que plus d'infos sur didierene.com

Le circuit, tel qu'il est décrit ci-dessous totalise 1 125 km parcourus en deux semaines. Il m'a permis de visiter et répertorier différents centres d'intérêt touristique avec comme fil conducteur la remontée du cours supérieur du Mékong jusqu'à Châu-Dôc, une petite escapade dans la région côtière de Ha-Tien, avant de reprendre la descente du bras inférieur du fleuve vers Soc-Trang.

En parcourant les cartes de l'extrême sud de la péninsule, je m'aperçois qu'outre ces deux puissantes et larges voies fluviales, le delta de cette véritable mère nourricière, constitue le Bassac, tentaculaire réseau vivant de canaux, rivières, ruisseaux et arroyos qui coule en aval de Phnom Penh, traverse les provinces de An-Giang, Cân-Tho, Vinh-Long, Tra-Vinh et Ben-Tré (entre-autres). Il se jette au sud-est dans la mer de Chine dans pas moins de huit embouchures alluvionnaires. Le réseau routier, composé de voies principales et secondaires bien entretenues relie les principales bourgades desservies par une noria de bus publics et mini-bus privés. La traversée des voies fluviales se fait sur des bacs pour les plus larges ou sur des barques de bois pour les plus étroites.

Ce périple relate donc en détail, les différentes étapes, le kilométrage précis, les rencontres et anecdotes entre rizières et rivières.

Mise en garde.

Au Vietnam, avant de prendre la route à moto, que ce soit au nord, au centre, ou bien dans le Sud, régions connues comme étant respectivement les anciennes provinces du Tonkin, de l'Annam et de la Cochinchine, il convient d'être averti des risques inhérents à ce genre de déplacements et de redoubler de prudence.

Les ambassades et consulats des pays occidentaux recommandent à leurs ressortissants, dans la mesure du possible, d'informer leurs proches sur leur itinéraire, avant le départ et de faire preuve d'une extrême vigilance tout au long du déplacement.

Pour ma part, j'ai résidé plus de dix ans au Vietnam, dont sept basés à Hanoï. Après avoir parcouru la magnifique région du Tonkin, de la Baie d'Halong à l'est jusqu'aux contreforts du Fan-Zi-Pan à l'ouest, et de Lao-Cai au nord jusqu'à la station balnéaire de Kanh-Hoa au sud, j'ai en outre sillonné les magnifiques régions de Ninh-Binh et Phat-Diem, Mai-Chau et Hoa-Lu au sud et à l'est de Hanoi.

Définitivement tombé sous le charme de cette terre qui a le don de subjuguer les voyageurs occidentaux les plus intrépides, je pense avec émoi à mes compagnons de route et en particulier à mes camarades anglo-saxons et français du Hanoï Minsk-Club. Ils ont su animer des sorties et rencontres mémorables pour les afficionados de la Minsk auxquelles j'ai participé avec enthousiasme et dont je relate un épisode dans cette interview publiée dans L'Echo des Rizières en décembre 1999 (*voir annexe*). Ces derniers ont su créer un engouement pour ce basique mais pratique engin utilisé principalement dans les zones rurales du nord du pays !

Je crois m'être plutôt bien adapté au style de conduite local, aussi bien sur la route qu'en ville où mon aisance au guidon étonnait parfois les touristes croisés à Saigon. Des accidents, j'en ai connu, sans gravité, Dieu merci, et j'en ai évité d'autres de justesse, mais tel n'est pas ici mon propos. Quant aux pannes, à moins d'avoir un modèle récent et de faible kilométrage, bien entretenu par nos soins ou ceux d'un mécanicien de confiance, elles peuvent parfois gâcher un voyage et il est conseillé de s'équiper d'une petite trousse à outils et d'un kit de réparation en cas de crevaison.

La moto

Très populaire dans les régions rurales du Tonkin, cette moto deux-temps de 125 c³ développe 11 chevaux et se démarre au kick, lequel entraine une dynamo qui alimente un alternateur apte à fournir 12 volts d'alimentation électrique. On ne peut faire plus simple et c'est pour cette raison qu'elle a été adoptée dans de nombreux pays en développement dont l'Afghanistan. Fabriquée à Minsk en Biélorussie et répandu en Russie et dans les pays frères de l'Union Soviétique, elle est importée au Vietnam depuis les années 1980 ; c'est la moto tout-terrain idéale pour visiter les régions rurales parfois inaccessibles aux véhicules de tourisme. Ainsi, cet engin robuste, de conception simple et d'un entretien facile ne demande pas de grandes connaissances en mécanique.

Largement répandue dans toutes les régions montagneuses du nord et du delta du Fleuve Rouge, les deux modèles de Minsk, la rustique MMVZ 2 et la MMVZ 3 modernisée se réparent aisément grâce à de nombreux garagistes et as de la mécanique dont les cahutes de bambou sont installées régulièrement au bord des routes de campagne. Importée sous la dénomination douanière d'engin agricole, elle est la machine à tout faire des paysans, celle qui sert à transporter la volaille attachée au porte-bagages et au guidon, les cochons, les chiens dans des cages grillagées circulaires et les fruits et légumes dans de grands paniers en osier. C'est bien sûr le véhicule familial dont la selle biplace, souvent prolongée par un porte-bagages en fer forgé, sert principalement au transport de trois, voire quatre passagers chaussés de sandalettes ou de tongs.

Ce deux-temps consomme un mélange d'essence et de 4% d'huile à verser directement dans le réservoir.

Ici aussi, dans le Delta du Mékong, le réseau routier principal ne manque pas de stations d'essence, tandis que le réseau secondaire, parsemé de villages et hameaux dispose d'antiques pompes à essence manuelles en bord de route ou à l'abri d'auvents de tôle auprès desquels il convient d'être vigilant avec la qualité du carburant ou d'éventuelles réparations.

Désormais à Hanoï, capitale politique du Vietnam, les habitants, qui, aux dires des citadins, sont des "paysans qui habitent en ville" ne roulent pas en Minsk mais ne jurent que par les "mobylettes" japonaises automatiques, ces engins hybrides entre la mobylette et la moto, de 70 à 110 cm3, fabriqués au Japon, en Corée, en Thaïlande, et maintenant au Vietnam. Quant aux copies de ces deux-roues nippons, de très nombreux modèles bon marché, mais de moindre qualité sont importés de Chine et circuleraient dans tout le pays.

CHAPITRE 1

En selle !

Le principe de cette mission de repérage a été acté par le couple propriétaire du bateau. À l'issue de cet exercice, il est prévu que nous partions tous, pilote mécanicien inclus, en reconnaissance, afin de prendre contact avec les partenaires que je ne manquerai pas d'identifier au cours des prochaines semaines, avec comme fil conducteur : la remontée du bras supérieur du Mékong jusqu'à Châu-Dôc, une petite escapade jusqu'à Ha-Tien, avant de reprendre la descente du bras inférieur du fleuve jusqu'à Soc-Trang.

Je n'ai pour tout bagage qu'un sac de sport fixé par deux tendeurs sur la selle et le porte-bagage de la moto, tandis que sur la barre de jonction du guidon, un porte-carte plastifié renferme ma carte routière pliée et laissant apparaitre le parcours du jour. En cas d'averse, je dispose d'un léger blouson imperméable et d'un fin poncho de plastique pour mon sac. Si en ville, je reconnais rouler, casquette sur la tête (comme presque tout le monde ici, pour se protéger du soleil) tandis que sur la route, un casque léger me permet de garder les oreilles dégagées.

La notion d'homologation semble être ici un concept inconnu. Chacun semble libre de rouler avec l'équipement, les chaussures et le chapeau qu'il souhaite.

Mercredi 02 Novembre - 136 km + 20 (repérage)
Départ de Ho-Chi-Minh Ville – arrivé à Vinh-Long.

10h. Il est temps de partir plein sud en direction de Phu-My-Hung, vaste quartier résidentiel aux confins de la rivière Saigon. Je laisse la ville nouvelle à gauche et franchis la dizaine de kilomètres de voie rapide qui rejoint la Nationale 1A, celle qui traverse le Vietnam du Nord au sud pour se terminer à Ca-Mau à l'extrême sud de la péninsule.

Cette route n'a rien de comparable avec notre autoroute A1, celle qui relie Paris à Lille, et bien que ce soit une 4 voies en relativement bon état qui rejoint My-Tho à 72 kilomètres au sud, ce n'est pas non plus celle des vacances à cause de trafic de camions qui doivent relier les différents ports fluviaux du delta.

Au rond-point marquant l'entrée de My-Tho, je bifurque à droite et roule en direction de Cai-Lay à la recherche de la ferme de serpents de Dong-Tham.

Quant à la visite de My-Tho, où j'ai eu l'occasion de séjourner brièvement en 1994 et de visiter un village sur une île alluvionnaire au cours d'une excursion, je la réserve pour une future occasion, la région de Ben-Tré n'étant qu'à deux heures de Hô-Chi-Minh-Ville.

Je finis par trouver la direction de la ferme de Dong-Tham, qui est indiquée par un panneau à gauche de la route et marque l'entrée d'une piste de cinq kilomètres, à l'issue duquel une seconde pancarte signale la direction d'une aire de stationnement prolongée d'un parc ombragé et parsemé de cages constructions diverses.

La plupart des pensionnaires sont des serpents et principalement des cobras agressifs qui s'apprêtent à mordre bien qu'ils soient protégés par un grillage aux mailles serrées.

Les autres espèces ont des réactions différentes : les macaques feignent une parfaite indifférence à mon approche. En fait ils n'ont d'yeux que pour les cigognes qui viennent de recevoir leur déjeuner de petits poissons crus.

Les deux autruches me toisent du haut de leurs deux mètres, les crocodiles au bord de leur mare ne bougent pas d'une écaille tandis que les deux ours noirs me regardent avec curiosité du fond de leur cage.

Après la visite, je rejoins la petite route de campagne qui remonte la rive gauche de la rivière My-Tho et continue vers Cai-Bè à une trentaine de kilomètres. A la patte d'oie avant le virage, je laisse la route de Cai-Bè à droite et m'engage sur la presqu'île de Tân-Dông que traverse une petite route étroite qui franchit des arroyos et s'enfonce dans une région verdoyante de vergers et plantations pendant une vingtaine de kilomètres. La route se termine au bord de la rivière et deux passeurs à bord d'une petite barque de bois à fond plat m'emmènent traverser un premier bras du fleuve, la moto en équilibre sur une planche.

Sur l'île alluvionnaire où je débarque, des "Xe-om" (moto-taxis) m'indiquent le sentier de terre qui la traverse de part en part. Je fraye mon chemin à travers une profusion de cocotiers, de bougainvilliers, de manguiers, longaniers et autres arbres fruitiers avant de rejoindre un deuxième bras du fleuve à la stupéfaction des quelques paysans du cru qui attendent le prochain bac.

A la terrasse d'une gargote où je me restaure, quatre ou cinq gars s'approchent et commencent à tourner autour de la moto en l'observant sous tous les angles et en me dévisageant d'un air curieux.

"Lin-xo, Lin-xo !" répètent-ils. Ces gens qui n'ont pas vu d'étrangers depuis la présence des "camarades soviétiques" dans les années quatre-vingt, me prennent pour un russe !

Ce à quoi je leur réponds, à leur grand étonnement, que je n'en suis pas un : "Vous avez des motos japonaises et pourtant vous n'êtes pas Japonais !" Je conclue en affirmant que je suis un voyageur français et que je réside à Ho-Chi-Minh Ville.

Seuls quelques deux-roues et des piétons peuvent embarquer sur la pirogue usée qui se présente, et bientôt, je mets le pied sur la grande île d'An-Binh qu'il me faut de nouveau traverser de part en part. Cette fois-ci, le sentier est truffé de fondrières inondées et je dois "mettre la gomme" pour ne pas m'embourber. Je parviens enfin sur une route carrossable et me fais indiquer la direction de Vinh-Long. Pendant une vingtaine de kilomètres, je traverse de nouveau une région arboricole aux maisons de maraîchers enfouies sous la végétation.

La route se termine au troisième bras du fleuve, le plus large, et je distingue les dômes arrondis des fours à briques de Vinh-Long sur l'autre rive. Quelques minutes plus tard, chaussures et pantalons crottés, j'embarque la Minsk maculée de boue sur le ferry et sous les regards méfiants des gens du cru qui doivent me prendre pour un russe puisque je chevauche un engin boueux.

17 heures. Le ferry débarque ses passagers à l'entrée de Vinh-Long et je me laisse porter par le flot du trafic. Je fais un tour de la ville et la traverse pour trouver mes repères et pouvoir m'orienter avant de me mettre en quête d'une chambre pour la nuit. Après une rapide visite d'un lugubre hôtel du centre-ville, j'opte pour un motel plus tranquille, mais excentré.

Le principal centre d'intérêt de la ville est la promenade en bordure du fleuve. Ici, le bras supérieur du Mékong atteint une largeur de plus d'un kilomètre en cette fin de saison des pluies. Quant à l'attraction majeure de cette région fertile, elle est bien la visite de vergers et le séjour chez l'habitant dans les îles alluvionnaires où sur l'autre rive.

CHAPITRE 2

Jeudi 3 novembre 2005 – 26 km + 20
Départ de Vinh-Long – arrivée à Sadec.

Avant de quitter Vinh-Long pour Sadec, une visite s'impose ; celle du temple confucéen de Van-Thanh-Mieu sis au fond d'un parc planté de deux rangées de majestueux eucalyptus qui entourent une allée centrale. Ici rien n'a changé depuis 1886, date de la construction du temple et les arbres apportent un calme reposant à cet endroit préservé.

J'écourte la visite pour ne pas laisser moto et bagage sans surveillance au bord de la route et du canal et traverse Vinh-Long avant de faire une nouvelle halte à la sortie de la ville au Truong-Anh Tourist-Resort qui loue des villas dans un parc au bord du fleuve. L'établissement, géré par l'état est en retrait de la Nationale 1A dont le trafic est assez intense et je demande à visiter une des villas de 4 chambres doubles au confort défraîchi.

Je reprends bientôt la route qui remonte le fleuve par sa rive droite en direction de Sadec distant de 26 kilomètres.

À ma droite, je laisse la Nationale 1A qui bifurque vers Ho-Chi-Minh Ville et franchi un étonnant et gigantesque arc métallique qui se dresse comme une injure à l'immensité plane du delta : c'est le pont My-Thuan construit par les Australiens et annoncé comme étant une fierté nationale.

Bientôt la route devient caillouteuse truffée de nids-de-poule et traverse une zone d'ateliers de poteries aux nombreux fours en forme de dômes. D'énormes pots de terre cuite à bonzaïs s'entassent au pied des ateliers et attendent les barges qui les emmèneront à Sadec.

Il est donc tout naturel que la production locale remonte par le fleuve et non par la route, vu l'état de celle-ci. C'est ici à Sadec, où j'arrive tranquillement, que l'on trouve la réponse à cette profusion de fabriques de pots. En effet, la ville, entourée de roseraies et de jardins floraux est une grande zone de production florale.

La ville s'est développée à une croisée de canaux à quelques centaines de mètres du fleuve et la bande alluvionnaire la séparant de la berge est occupée par d'abondants jardins entrecoupés d'arroyos. Des rangées de pots de fleurs alignés au cordeau sont suspendues sur des treillis à un mètre du sol. Arbres fruitiers, longaniers, aréquiers et cocotiers maintiennent la stabilité du sol et leurs feuillages apportent une ombre bienfaisante.

Après quelques tours d'orientation, je m'installe dans un hôtel avant d'aller arpenter le quai promenade qui borde le canal et marque le cœur de la ville ancienne. Quelques toitures de vieilles maisons coloniales émergent de la banalité de constructions récentes et sans charme. Je m'aventure de l'autre côté de la rivière et arrive au pied d'une paire de ces villas flanquées du drapeau à l'étoile jaune. Un des joueurs de cartes de la ruelle laisse tomber son jeu et me montre une des bâtisses avec insistance. J'apprendrai plus tard que l'une d'elles a servi pour le tournage du film "l'Amant" de Jean-Jacques Annaud.

En fin d'après-midi, la partie la plus large du quai promenade, accueille un marché, tandis que dans la soirée quelques commerçants ambulants installent leurs chaises pliantes sous les lampadaires du quai et attendent de rares clients.

"Les gens de Sadec sont timides et ne sortent pas" me dit la fille qui me sert un cocktail de fruits. "Et d'ailleurs, il n'y a pas de cinéma et pas grand-chose à faire le soir ici". J'acquiesce en remarquant l'absence de restaurants et cafés le long du quai Nguyên-Hue, pratiquement désert à 21 heures.

Le lendemain, je m'aventure sur la petite route qui mène aux jardins floraux et enjambe le canal sur un vieux pont métallique qui n'est pas sans rappeler celui de Long-Bien, construit par Eiffel à Hanoï. Quelques bâtisses de l'époque coloniale et une petite église bordent le quai Lê-Loi.

Le long de celui-ci, les horticulteurs alignent et empilent jarres et pots de fleurs avant de les charger sur des barges ventrues. Plus loin, des petits ruisseaux bordés de sentiers et de jardins floraux serpentent sous le feuillage d'une profusion ordonnée d'arbres fruitiers, bonzaïs d'agrément jusqu'à la berge du fleuve. J'arpente ces sentiers à moto, subjugué par la luxuriance de ces jardins entretenus et alignés au cordeau ; ils sont tous plus admirables les uns que les autres et je loue la passion des Vietnamiens pour les plantes vertes dont les toits-terrasses des maisons sont immanquablement agencées.

Plus tard, je m'éloigne de quelques kilomètres de Sadec et m'aventure sur la petite route de Cao-Lanh, elle aussi bordée de roseraies alignées au cordeau. À Sadec, plus de mille familles vivent de l'horticulture et élèvent plus de cinquante variétés de roses.

CHAPITRE 3

Vendredi 4 novembre 2005 – 28 km + 45
Départ de Sadec – arrivée à Cao-Lanh

Pour sortir de Sadec et se diriger vers Cao-Lanh, il suffit d'emprunter le quai Lê-Loi qui mène au rond-point marquant l'entrée de la "zone industrielle" et tourner à gauche. La route, à peine carrossable, bordé d'une végétation dense, remonte toujours la rive droite du "Tien-Giang", le bras supérieur de Mékong et franchit de nombreux arroyos sur de fragiles ponts de bois. Après vingt-cinq kilomètres, celle-ci traverse un bourg d'où part une rue poussiéreuse qui mène à un embarcadère ou un ferry qui attends ses passagers ; collégiens en uniforme et ao-dai blanc (ample et légère robe traditionnelle féminine), pour traverser le large bras du fleuve.

Sur l'autre rive, les quelques kilomètres de route à quatre voies qui mènent à Cao-Lanh contrastent avec la région rurale que je viens de quitter.

Comme à Sadec, nous sommes toujours dans la province de Dông-Thap, mais ici, c'est une voie royale bordée de banques, d'hôtels, de bâtiments administratifs qui, après quelques ponts et la traversée de la ville, mène à un rond-point dominé par un imposant mémorial aux "héros de guerre". À droite de ce monument démesuré, la nationale 30 descend vers l'est avant de rejoindre la 1A à une cinquantaine de kilomètres.

Après la visite de quelques bouges miteux aux cellules glauques, je m'installe à l'hôtel d'état Hoa-Binh, relativement confortable. Je choisis une chambre claire et spacieuse dont la baie vitrée ouvre sur l'arrière de la bâtisse et dispose d'une jardinière avec vue sur une petite cocoteraie.

Comme Sadec et d'autres villes du Delta, Cao-Lanh s'est développée à partir d'un petit bourg ancien construit au bord d'un canal et autour duquel on a tracé de larges avenues qui se coupent à angle droit. D'ailleurs, une des rues qui longe le canal est bordée de remarquables villas coloniales posées comme des écrins au milieu de parcs arborés. Le quai promenade est particulièrement bien entretenu et j'en comprends la raison en apercevant le bâtiment ou flotte la bannière du Parti.

L'alternative à la visite de la réserve d'oiseaux migrateurs de Gao-Giong qui se trouve à une cinquantaine de kilomètres, en pleine province de Dông-Thap, est de visiter le parc national Tram-Chim, sanctuaire d'oiseaux migrateurs perdu dans une immense zone marécageuse à une vingtaine de kilomètres en remontant le fleuve.

De plus, ce dernier est accessible par les canaux, tandis que par la route, il faut remonter le fleuve sur une dizaine de kilomètres avant de bifurquer à droite et emprunter une étroite bande de bitume qui s'enfonce à l'intérieur des terres inondées.

En fin de matinée, je file sur cette route qui n'est qu'une digue rectiligne entourée de marais parsemés de rangées d'arbres et de bosquets de bambous qui s'étendent à l'horizon.

Ici, les seules traces de vie sont quelques cabanes de pécheurs posées sur le bord de la route. Je parviens enfin à un bourg poussiéreux aux huttes de planches et tôle ondulée d'où je dois traverser un arroyo avant de rejoindre la petite route qui s'enfonce dans les terres inondées.

Enfin parvenu à un portique de bambou qui marque l'entrée du Parc Tram-Chim, je suis accueilli par M. Tran-Van-Dung, l'administrateur qui m'invite à visionner une vidéo de présentation avant de partir à la découverte du Parc.

Bientôt, jumelles en main, ce passionné d'oiseaux migrateurs m'emmène au sommet d'une tour de guet de dix-huit mètres qui domine la forêt. Je scrute la réserve de cigognes qui nidifient à quelques kilomètres vers l'ouest. Nous redescendons et M. Dung me confie à miss Hué, la batelière en tenue de villageoise au chapeau conique. Le visage ainsi protégé du soleil, elle m'emmène sur une étroite pirogue à travers une mangrove de palmiers d'eau et de cajeputiers.

Le silence n'est troublé que par les coups de pagaie et les battements d'ailes des hérons et grues qui s'envolent à notre approche. La réverbération du soleil sur le miroir de l'eau me brûle les avant-bras tandis que ma guide continue à pagayer à travers les hyacinthes d'eau. Nous approchons bientôt d'une forêt inondée d'où parvient un bruit de fond. Je tends l'oreille et distingue le piaillement de centaines, voire de milliers de volatiles, et tandis que nous arrivons sous la voûte des arbres, nous apercevons à une vingtaine de mètres au-dessus de nous, les cigognes qui virevoltent de nid en nid en piaillant. La canopée est truffée de nids d'oiseaux de différentes espèces qui fuient l'hiver rigoureux de Sibérie ou d'Asie centrale et trouvent une nourriture abondante dans les marais du delta.

Nous retournons vers l'entrée de ce magnifique Parc tandis que le ciel se couvre en début d'après-midi et je reprends bientôt le chemin du retour alors que l'orage gronde à l'horizon.

Samedi 5 Novembre – 60 km.
2e nuit à Cao Lanh

La pluie qui avait fait son apparition hier sur la région semble persister. Je profite d'une accalmie pour partir à la recherche de Rung-Tram, connue aussi comme étant la plaine historique de Xéo-Quit, une épaisse zone de forêt marécageuse voisine d'un sanctuaire d'oiseaux migrateurs connu sous le nom de "Vuon-Co-Thap Muoi". La région accessible en bateau est à 23 kilomètres environ au sud-est de Cao- Lanh et j'essaye de la découvrir par la route. Je m'aventure bientôt sur une petite route qui s'enfonce dans les terres sans parvenir à me faire indiquer "Rung-Tram". Finalement, c'est sous une pluie battante que je suis contraint de rentrer me sécher à l'hôtel. Les averses se succèdent toute la journée et je me décide à partir le lendemain pour Châu-Dôc, dernière ville et port fluvial avant la frontière cambodgienne.

CHAPITRE 4

Dimanche 6 Novembre – 80 km.
Départ de Cao-Lanh – arrivée à Châu-Dôc.

Je quitte Cao-Lanh en direction de Thanh-Binh à vingt kilomètres en remontant le fleuve. Les vergers alternent avec les zones maraîchères de la rive, tandis qu'à ma droite les rizières inondées s'étendent à perte de vue. À l'entrée de Thanh-Binh construite sur une immense île alluvionnaire, une petite route mène au sanctuaire que j'ai visité la veille et distant de 18 kilomètres seulement.

Je remonte le fleuve sur vingt-cinq kilomètres. Cette voie qui longe le cours du fleuve vers l'ouest et la frontière du Cambodge à une trentaine de kilomètres, est bordée à gauche de hameaux aux maisons khmères traditionnelles, construites sur pilotis et enfouies sous la végétation.

C'est une région d'un aspect sauvage et que je quitte à regret pour embarquer sur le ferry qui croise au nord de la grande île alluvionnaire face à Phu-Tân. Sur cette portion boisée et bordée de quelques hameaux, on distingue des alignements de jardins au bord du fleuve. Je pense à la tranquillité qui doit y régner, tandis que le ferry approche de Phu-Tân, qui n'est en fait qu'un long village rural à l'est de la longue bande de terre qui sépare les 2 bras du Mékong.

De Phu-Tân, deux solutions s'offrent à moi pour rejoindre Châu-Dôc ; monter par la route nord qui traverse le bourg de Tân-Châu et mène tout droit à Châu-Dôc, où la route sud qui forme une boucle et permet d'embarquer sur un nouveau ferry qui traverse le bras inférieur du Mékong, le "Hâu-Giang". J'opte pour cette seconde option et m'élance sous les averses intermittentes qui arrosent la région depuis plus de deux jours.

Un dernier ferry me dépose enfin à Châu-Phu au bord de la Nationale 91 et je rejoins Châu-Dôc après une trentaine de kilomètres de route sans histoire.

À Châu-Dôc, je m'installe dans une chambre avec vue sur le fleuve au cinquième et dernier étage de l'hôtel Thuan-Lôi qui dispose d'un restaurant flottant amarré à la berge. À cet endroit, le fleuve parsemé de grandes îles alluvionnaires semble se rétrécir du fait que les berges sont encombrées de maisons flottantes en tôle ondulée posées sur bambous ou de vieux fûts de pétrole qui trouvent ainsi une seconde vie. L'activité principale de ces habitations est la pisciculture à domicile. En effet chacune de ces maisons dispose d'un vivier de tilapias sous le plancher, lequel permet ainsi de nourrir ses habitants.

En fin d'après-midi, je pars à la découverte de la ville dont l'immense marché central empiète sur les rues avoisinantes. C'est le cœur de la vieille Châu-Dôc poussiéreuse qui contraste avec ma dernière ville étape de Cao-Lanh ! Je tombe quand même sous le charme de ce bourg remarquable pour son temple Châu-Phu construit en 1926 et ses vieilles maisons coloniales et chinoises décrépies.

Le vieux théâtre qui donne sur un petit carrefour du centre semble lui aussi à l'abandon, tandis que les bureaux des douanes occupent une autre bâtisse d'une époque révolue.

Un quai promenade doublé d'un jardin mène à l'imposant hôtel Victoria posé en arc de cercle au bord du fleuve à quelques centaines de mètres, tandis que de l'autre côté de la route, quelques villas ont été joliment restaurées.

Lundi 7 novembre 2005 – 40 km.
Séjour à Châu-Dôc

Le lendemain matin, je monte sur le bac voisin du prestigieux hôtel Victoria et débarque sur Côn-Tiên qui est en fait la bande alluvionnaire qui sépare les deux bras du Mékong et que j'ai traversé hier après-midi par le sud. Je suis maintenant sur un territoire Cham musulman, quelques mosquées bordent la route, ainsi que de coquettes maisons de bois sur pilotis aux balcons et terrasses tarabiscotés et devancées de jardinets. Une petite route mène à Tân-Châu à dix-huit kilomètres au nord-est. Cette bourgade est connue pour ses ateliers de tissage de brocards et accessoires de soie traditionnelle que portent les Chams.

En début d'après-midi, je me mets en route pour le Mont Sâm. Difficile de se tromper de route ! C'est tout droit pendant six kilomètres, et le Mont domine la route de ses 260 mètres. Je fais le tour de la base où sont disséminés plusieurs temples et pagodes. Le plus remarquable est la pagode Tay-An, celle qu'on aperçoit au pied du mont en arrivant de Chau-Doc. Avec sa coupole de style moghole, elle ressemble à un temple hindou, voire à un palais sorti d'un conte persan. Je gare la moto dans la cour et pénètre à l'intérieur où les imposantes statues dorées et colorées des patriarches du Taoïsme et le Bouddha rieur et ventru me rappellent que je suis bien dans un temple chinois.

Je me fais indiquer la petite route qui mène au sommet du Mont Sâm et entreprend l'ascension à moto, tandis que des pèlerins en short et baskets grimpent à pied le ruban de bitume aux lacets serrés et traversé de ruisseaux. Je fais une pause sur la pente d'un promontoire à mi-chemin, ce qui me permet d'admirer la chaîne des Monts Câm et Tuc-Dup, distants d'une trentaine de kilomètres. Ces reliefs barrent l'horizon au Sud-ouest et à l'ouest alors que la plaine interminable marque le territoire cambodgien encore largement inondé en cette saison des pluies qui n'en finit pas. Je continue la dernière partie de l'ascension et accède au sommet d'où l'on aperçoit au premier plan la route aux quatre voies que j'ai empruntée pour venir de Châu-Dôc. D'ici, la ville semble noyée dans la verdure au bord du fleuve. Au lointain, on devine plus qu'on aperçoit les terres alluvionnaires du Mékong.

Le soir, je prends l'apéritif à la terrasse de l'hôtel Victoria en laissant mon regard porté par le puissant courant du fleuve.

Je ne suis qu'un des seuls clients et finis par aller dîner dans le café/restaurant un peu plus animé de l'autre côté de la route. Je décide de revenir demain matin au Victoria pour une séance de remise en forme et natation dans la grande piscine de l'hôtel avant de reprendre la route pour Ha-Tiên en début d'après-midi.

CHAPITRE 5

Mardi 08 Novembre 2005 – 75 km.
Départ de Châu-Dôc – arrivée à Kiên-Luong

Je quitte Châu-Dôc vers 14 heures en espérant parcourir facilement la centaine de kilomètres qui me sépare de Ha-Tiên. Après avoir traversé l'immense zone de rizières inondées aperçue la veille du Mont Sâm, je suis de nouveau rattrapé par la pluie qui a fait son apparition ce matin et semble persister.

La petite route se tortille maintenant à travers la chaine de monts couverts de jungle qui entoure le Mont Câm, lequel s'avère aussi être un lieu de pèlerinage.

Une large avenue avec terre-plein central et portique marque l'entrée des lieux et m'incite à monter jeter un coup d'œil. Ticket en poche, je m'élance bientôt sur un large ruban de bitume qui s'élève en pente douce avant de gravir bientôt une pente raide. Je suis arrêté soudain à un check-point qui marque la fin de la route goudronnée par des gars qui essayent de me faire descendre de moto pour me faire monter sur une des leurs, afin de m'emmener au sommet.

Je refuse, prétextant faire l'ascension sur ma Minsk et m'engage sur la piste truffée de pierres coupantes et de rochers affleurant.

Les suspensions gémissent et le moteur rugit alors que je grimpe en première. Après plusieurs centaines de mètres, je décide de mettre un terme à la souffrance de la machine ; je tiens à ne casser ni mes os, ni la mécanique. Je redescends donc prudemment et rejoins bientôt la route qui mène à Tri-Tôn, le petit bourg dans la plaine qui sépare les Mont-Câm et Tuc-Dup. Cette dernière colline de 216 mètres, truffée d'un réseau de cavernes est aussi appelée "two-millions-dollars'hill" en référence aux sommes englouties par les Américains pour tenter d'anéantir la base Viêt-Cong souterraine durant la guerre américano-Viêt.

À la sortie de Tri-Tôn, il faut tourner à droite puis à gauche pour se retrouver sur l'étroite bande de bitume qui rejoint la Nationale 80 après 36 kms de ligne droite. Cette N80 est la route Sadec – Rach-Gia – Ha-Tiên. De plus, d'après ma carte, Tri-Tôn serait aussi joignable par les canaux depuis Châu-Dôc.

À ma gauche, les rizières inondées alternent avec les mangroves et de rares hameaux de bambou et tôle ondulée bordent la route. Je doute d'arriver à Ha-Tiên avant la nuit, d'autant que la pluie reprend de plus belle, aussi j'espère simplement rejoindre la N80 et trouver un "motel" pour la nuit.

À 17h30 alors que l'averse redouble de violence, je suis contraint de m'abriter sous la tôle d'une misérable gargote. Une heure plus tard, la nuit est tombée et l'averse se calme ; je n'ai d'autre choix que de reprendre la route et avancer prudemment dans l'obscurité, ébloui par les phares des motos qui arrivent en face. À ma droite, les reflets de l'eau noire indiquent que le niveau du canal n'est plus qu'à cinquante centimètres de la route.

Celle-ci semble interminable et je reste sur mes gardes, les yeux fixés sur la portion de bitume éclairée par mon phare, sachant que dans l'obscurité, le danger peut surgir sous la forme d'un véhicule sans éclairage, quand soudain, d'un réflexe instinctif, je freine des quatre fers, dérapant de la roue arrière. Horreur ! Devant moi, à trois mètres, la route s'arrête pile au bord d'un canal. Je fixe l'eau avec stupéfaction, cherchant du regard un éventuel bac, quand une silhouette arrive en gesticulant et m'indique de faire demi-tour et d'emprunter le nouveau pont à cent mètres à gauche.

Je rebrousse chemin prudemment, craignant de ne pas parvenir à distinguer les reflets de la route mouillée et ceux de l'eau noire du canal, et accède au pont qui rejoint la N80.

Une vingtaine de kilomètres plus loin, j'atteins Kien-Luong, petit bourg bien éclairé et relativement prospère où je fais halte pour la nuit. Il est 21 heures et l'hôtelier qui n'attendait plus de voyageur à cette heure tardive, me loue finalement une chambre en me permettant de garer la Minsk dans la cour.

Mercredi 09 Novembre 2005 – 25 km. + 20
Départ Kien-Luong – arrivée à Ha-Tiên

Au lever à 7h30, un petit rayon de soleil éclaire la région, mais vers l'est, une énorme masse nuageuse couleur de plomb barre l'horizon. Menaçante, elle envahit le ciel et je me hâte de boucler mon sac, redoutant d'être rattrapé par l'orage. Une demi-heure plus tard, je roule vers Ha-Tiên distant d'une quarantaine de kilomètres seulement.

Après le croisement de l'intersection qui mène au promontoire rocheux de Ba-Trai, la N80 devient une jolie petite route côtière qui serpente entre hameaux de pécheurs et collines luxuriantes. De petites plages bordées de cocotiers invitent à la baignade et je parviens à Ha-Tiên en laissant à ma gauche la voie rapide qui franchit le petit estuaire et son nouveau pont.

Je pénètre dans la petite ville par le vieux pont flottant américain dont les poutrelles d'aluminium ont résisté au temps. Le quai promenade et le marché qui le prolonge sont le seul endroit animé de cette ville assoupie et posée entre l'étroit estuaire et l'immense lagune qui se perd à l'horizon. De nouveaux hôtels confortables ont été bâtis dans la partie nord de la ville aux croisements de rues calmes et l'un d'eux, au bout de la promenade, dispose de chambres avec vue sur la lagune. Dans le même quartier, la pagode Tam-Bao avec son bassin et son jardin qui datent de 1730, mérite une rapide visite.

Je m'installe à l'hôtel Phao-Dâi bâti sur un promontoire de dix-sept mètres qui marque l'entrée de l'estuaire et je pars bientôt à la découverte de la région que j'avais visitée en 1994 avant de m'embarquer pour l'île de Phu-Quoc à l'ouest.

Sur la route qui mène à la frontière cambodgienne à huit kilomètres à l'est, j'arrive à une anse bordée de cocotiers et abritant un village de pécheurs. Il s'agit de la plage de Bai-Bang (ou Bai-No) d'où une nouvelle corniche côtière au bitume fraîchement posé contourne une colline et mène à Mûi-Nai. On aperçoit la côte découpée de Ba-Trai au sud et l'île sauvage de Phu-Quôc au large (du moins, elle l'était en 1994).

Les deux petites plages de Mûi-Nai sont séparées par une colline et des pavillons hôteliers de plusieurs chambres attendent les touristes. Des rangées de chaises et tables pliantes sont alignées sur la promenade le long de la plage et un restaurant-boutique dispose de quelques jet-skis et kayaks de mer.

Ici, pas de sable blanc comme à Mui-Né et ses grandes plages sur la côte pacifique, mais en revanche, vu l'absence de vagues, la baignade est sans danger ; il faut avancer d'une centaine de mètres pour avoir de l'eau jusqu'à la taille.

C'est aussi en remontant par une autre route vers l'ouest et la frontière cambodgienne que l'on remarque un piton karstique à droite. Celui-ci renferme la grotte de Thach-Dông aménagée en pagode, laquelle contient une stèle à la mémoire des cent quarante Cambodgiens habitants de la région abattus par les Khmers-Rouges lors d'une incursion en 1978.

La plage de Mûi-Nai ne m'incite pas à rester une journée de plus et Ha-Tiên, assoupie la journée, ne s'anime que le soir : des restaurants ambulants installent cantines et tabourets sur la rue en face et autour du marché. Je décide donc de me mettre en route pour Long-Xuyên demain matin.

CHAPITRE 6

Jeudi 10 Novembre 2005 – 165 kms + 5
Départ de Ha-Tiên – arrivée à Long-Xuyên

165 kilomètres de route m'attendent aujourd'hui, mais avant de quitter Ha-Tiên, je décide de me rendre à la pagode Tinh-Xa-Ngoc-Tiên à flanc de colline de l'autre côté de l'estuaire, sur la pente boisée qui fait face à la ville et doit offrir un beau panorama. Je traverse une dernière fois le pont flottant quand une violente averse me surprend, m'obligeant à m'abriter. Je profite d'une accalmie et me mets bientôt à gravir la centaine de marches rendues glissantes par la pluie. Je parviens d'abord à une construction qui sert de belvédère et de réfectoire ou une dizaine de nonnes en robe jaune prennent leur unique repas de la journée. Je grimpe encore une volée de marches et émerge au pied de quelques tombes, sur une terrasse dégagée d'où s'étale la ville au premier plan, la lagune à droite et les monts frontaliers du Cambodge au second plan.

La matinée est bien avancée et je roule bientôt en direction de Kien-Luông ou j'essuie un nouvel orage qui m'oblige à trouver un abri de fortune sur le bas-côté. Fort heureusement, ce sera la dernière averse de la journée, et après que le soleil soit revenu, je roule de nouveau sur la petite route rectiligne en direction de Tri-Tôn.

Ce petit bourg marque un carrefour routier et fluvial et je m'engage vers Long-Xuyên, sur une voie aussi étroite et rectiligne que la précédente, qui elle aussi longe un canal pendant une quarantaine de kilomètres en ligne droite.

Des ponts de forme et de stature diverses enjambent régulièrement le canal et mènent à des hameaux enfouis sous des bosquets. Certains de ces ouvrages sont des ponts de singe améliorés, de frêles passerelles suspendues de corde et bambou vouées à disparaitre et d'autres avec leurs haubans colorés, des miniatures du pont My-Thuan.

Au bord de la route et du canal, quelques buvettes disposent de hamacs à la place de chaises longues. Endroit idéal pour me détendre une demi-heure en sirotant un verre de jus de canne à sucre. Je me gare sur le bas-côté et m'allonge dans un de ces filets suspendus. Au bout d'un quart d'heure, personne n'est venu prendre commande. Peut-être attend-on que j'aie fini ma sieste ?

Je me remets en route et crève cinquante mètres plus loin. Heureusement, un mécanicien borgne tient boutique sur le bas-côté. Son apprenti arrache la valve de la chambre à air et me montre que celle-ci est hors d'usage et qu'il faut la remplacer !

Quelques minutes plus tard, il monte la chambre neuve qu'il s'apprête à installer dans le pneu. Devant mon refus de le laisser remonter l'ensemble sans trouver le clou ou le morceau de métal qui a transpercé le pneu, mon apprenti parviens enfin à trouver une écharde d'acier !

Ici l'eau du canal n'est pas boueuse comme le Mékong qui charrie branchages et bois flottés et en cette fin d'après-midi, c'est maintenant l'heure de la baignade pour les gamins, leurs mères et les aînés.

Je redouble de prudence pour éviter la vie qui s'active sur les bas-côtés et bientôt j'arrive à Châu-Thanh, au croisement de la Nationale 91, celle qui relie Châu-Dôc à Cân-Tho.

Seize kilomètres d'une excellente route à quatre-voies, du velours pour les pneus, m'amènent à l'entrée de Long-Xuyên, ville de moyenne importance et carrefour routier de la péninsule sur la rive droite de ce bras inférieur du Mékong.

Le Traffic est intense et la nationale, appelée ici "Tran-Hung-Dao", traverse la ville de part en part. Je me mets en quête d'un hôtel et m'engage dans le quartier My-Binh séparé du reste de la ville par un canal circulaire et dont la poste centrale et les imposants bâtiments à l'architecture soviétique marquent le cœur administratif de la ville.

Je m'installe finalement au sud de ce même quartier, dans un hôtel avec vue sur le canal Long-Xuyên et ses maisons aux jardins arborés.

Le soir à la fraiche, la vie s'installe le long de la promenade et les pelouses qui bordent le fleuve. Des dizaines de cafés ambulants alignent leurs chaises et tables pliantes et on y vient siroter des Ché-Tai (une boisson fraiche au lait de soja à mi-chemin entre un dessert et un cocktail de fruits colorés) ou simplement flâner à la fraicheur de la rive aérée et ses allées. Un lac formé par une ancienne rivière a même été entouré d'une piste bétonnée et doit accueillir les ainés pour leur footing, Tai-chi ou Qi-qong matinal.

Vendredi 11 novembre – 75 km. + 5
Départ de Long-Xuyen – arrivée à Cân-Tho

Ma carte indique My-Thanh ou My-Khanh, une île alluvionnaire face à la promenade, mais celle-ci doit être inondée en cette saison car le fleuve est très large à cet endroit, aussi, ce vendredi matin, ne parvenant pas à trouver de bac pour aller visiter les vergers, je me remets en route après un dernier circuit dans le quartier de l'imposante église catholique.

À la sortie de Long-Xuyên, un ferry à sept kilomètres en aval permet de débarquer sur l'autre rive et rejoindre Sadec par la N80.

À l'entrée de Thôt-Nôt, petite bourgade commerçante au bord du fleuve, je suis attiré par le clocher d'une vieille église en contrebas de la route. Je descends pour arriver sur une placette dallée qui semble aussi âgée que le monument. À ma gauche, une maison de maître et son jardin semblent défier le temps. Je suis surpris par la quiétude qui règne sous le porche et l'aïeule qui prie à genoux la grande photo murale d'un curé ou d'un saint moustachu. Cette photo en noir et blanc dans son cadre est peut-être presque aussi ancienne que l'église elle-même.

En me déplaçant sur le côté, je m'aperçois qu'il ne reste que le clocher, le fronton, le dallage intérieur et une partie de la charpente de bois. J'imagine que l'église a été victime d'un bombardement pendant la guerre américano-Viêt, ou peut-être d'un incendie ?

L'aïeule disparaît en se signant et je me tourne de l'autre côté de la place où un hangar abrite des rangées de bancs alignés face à un autel au fond. Cette église de fortune est précédée d'un préau de tôle ondulée qui abrite aussi une volée de vieux bancs de bois.

Plus tard, à la sortie de Thôt-Nôt, je repense à cette scène ou le temps et peut-être la vie semblent comme s'être arrêtés lors de la destruction de l'église. Je ne connais pas le passé tumultueux de la région et plusieurs dizaines d'années après, je pense qu'un étranger de passage ne doit peut-être pas chercher à trouver de réponses à un évènement douloureux qui ne le concerne pas !

De Thôt-Nôt on accède aussi à une longue île qui sépare le fleuve en deux bras. Elle est un sanctuaire d'oiseaux migrateurs accessible en bateau et semble s'étendre sur une quinzaine de kilomètres, alors, peut-être pourra-t 'on y faire escale avec le China-Blue ?

Après Thôt-Nôt la route s'éloigne du fleuve et traverse bientôt Ô-Môn avant de rallier la banlieue industrielle de Cân-Tho où j'arrive après une succession de feux de circulation qui ralentissent un trafic chargé en ce milieu d'après-midi. À la recherche d'un hôtel avec vue sur le fleuve, je visite d'abord le Doan 30 aux chambres exiguës à 25 US$ et géré par l'armée.

Je décide alors de m'installer dans le quartier Tân-An, qui est aussi le cœur touristique de cette ville animée et agréable, véritable cœur touristique du Delta dont le marché flottant en est l'attraction principale. Avec sa longue promenade et son parc au bord de la rivière du même nom, Cân-Tho mérite bien quelques jours de pause. On y trouve des hôtels de toutes catégories et des restaurants aux menus trilingues. Je m'installe dans une auberge des environs et part flâner en début de soirée sur la promenade avant de dîner à une terrasse touristiques qui y fait face.

CHAPITRE 7

Samedi 12 novembre 2005 – 15 km. 1ère journée à Cân-Tho

Après une rapide visite de la pagode khmère qui n'offre que peu d'intérêt sur Ba-Thâng 2 ; je téléphone à Thuy-An, une jeune fille que j'avais rencontré sur le bac de Phu-Tân et ensuite à Robert Dupont, le Français qui loue des chambres d'hôtes dans les environs. Des rendez-vous sont pris aujourd'hui même avec l'une et l'autre, afin de faire connaissance. Je déjeune avec Thuy-An qui m'apprend que sa famille et elle-même, vivent à Thôt-Nôt et qu'elle acceptera de nous organiser la visite de l'île du même nom, lors d'une future escale du China-Blue.

Dans la soirée, Robert Dupont et sa femme francophone, m'annoncent que leur maison d'hôtes est en cours d'aménagement sur un terrain de 1 000 m2 qu'ils viennent d'acheter de l'autre côté de la rivière. Ils entendent accueillir des groupes de six personnes maximum en pension complète et leur faire découvrir la région en leur proposant diverses activités comme des balades à bicyclette à travers villages et vergers, ainsi que d'autres visites qu'ils sont en train de préparer.

Je les informe de nos projets de croisières fluviales et de la possibilité de leur amener des clients. Robert en contrepartie pourrait nous envoyer les siens pour leur faire remonter le Mékong jusqu'à Châu-Dôc. Nous décidons de nous revoir lors de notre prochain passage à Cân-Tho avec le China-Blue.

Dimanche 13 novembre — 20 km.
2e journée à Cân-Tho

Balade matinale à moto dans les environs de Cai-Rang à la sortie sud de Cân-Tho. La ville est plus étendue que je ne l'imaginais et avec ses larges avenues aux terre-pleins centraux, les distances paraissent moins longues.

De retour à Tân-An, je vais prendre quelques photos depuis la terrasse panoramique du monumental Royal Golf Hôtel, voisin du Ninh-Kiêu Hôtel bâti sur une superbe esplanade à l'embouchure de la rivière et dont les restaurants organisent surtout des repas de noces. J'apprendrai que ce terrain appartient à l'armée, ce qui explique son emplacement stratégique.

Après une promenade matinale en bateau sur la rivière Cân-Tho, je décide de partir demain lundi à la mi-journée pour Soc-Trang dont le festival annuel "du renversement des eaux" débute et promet des spectacles et réjouissances, dont les traditionnelles courses de pirogues.

Je m'offre une après-midi de farniente au bord de la piscine du Victoria Cân-Tho Resort. Comme son cousin de Châu-Dôc, l'établissement occupe un endroit de premier choix au bout de la presqu'île de Cai-Khé, qui est en fait une grande étendue à peine urbanisée et construite en remblai au confluent du fleuve et de la rivière Cân-Tho. Cai-Khé abrite notamment un stade, un gymnasium, le Water-Park et la route qui mène à l'embarcadère du ferry qui traverse le fleuve en direction de Vinh-Long.

Le Victoria Resort construit en U autour de la piscine fait face à un grand et magnifique jardin qui longe la rivière bordée d'hyacinthes d'eau. Ici la vue est dégagée et l'eau claire donne envie de s'y baigner. Une paire de pontons permettent aux clients d'embarquer sur la navette qui les emmène le soir au quai de Tân-An à quelques encablures. Quelques chaises longues sous les cocotiers au bord du fleuve et quelques canoës sur leur rack attendent les vacanciers, et j'imagine déjà le China-Blue ancré à proximité.

Le soir, je retrouve Ut, la guide bilingue et sa collègue rencontrés à mon arrivée et négocie la promenade de 6 heures en barque à moteur pour le lendemain matin.

CHAPITRE 8

Lundi 14 novembre – 60 km. + 5
Départ de Cân-Tho – arrivée à Soc-Trang

À 6 heures, le "frère" d'Ut m'attend à la porte de mon hôtel et m'emmène rapidement sur le quai d'où nous embarquons sur sa pirogue équipée d'un taud de toile et d'une paire de banquettes. Le soleil se lève sur la rive droite de la rivière et nous remontons vers le marché flottant de Cai-Rang à 6 kms vers le sud. Celui-ci regroupe des bateaux de grossistes et de détaillants de taille diverse, depuis la petite barque à rames croisées jusqu'aux grosses chaloupes ventrues et remplies de régimes de bananes, de noix de coco, longanes, litchis, pomelos, ramboutans et autres fruits des vergers de la région.

Les affaires se négocient et changent de bord et nous remontons vers le marché de fruits et légumes de Phong-Diên qui rassemble des centaines de barques plus petites. Nous continuons et mettons bientôt pied à terre pour une rapide visite d'un temple Cao-Dai planté au fond d'un grand terrain herbeux.

Le monument aux portes et volets fermés ressemble vaguement à une église avec ses deux clochers et son portique d'entrée. Un vieil homme et sa fille affables et souriants qui pourraient être les gardiens, balaient la terrasse, le perron et posent pour la photo.

Après une halte alimentaire, nous décidons de poursuivre par une grande boucle à travers canaux et arroyos secondaires au sud de Cân-Tho et à l'écart de tout trafic fluvial. Les rives sont bordées de palmiers d'eau, de longaniers, de bouquets de jeunes bambous, cocotiers et d'arbres dont le feuillage forme une voûte au-dessus de nos têtes. Des passerelles de bois et bientôt de légers ponts de singes relient les rives. Ces ponts suspendus autrefois tendus de cordes tressées semblent légers et fragiles, ils se balancent parfois au passage des écoliers qui les empruntent d'une rive à l'autre, leur évitant ainsi un détour pour traverser un canal, un arroyo.

Aujourd'hui, dans la région, bien que ces ouvrages soient tendus de solides câbles d'acier, ils sont menacés de disparaître au profit de ponts en béton sans âme. Parfois au détour d'un méandre, nous croisons des canaux qui semblent dissimulés et disparaissent sous les branchages quelques centaines de mètres plus loin. Des hameaux aux maisons de bois ou de briques bordent le canal et sur la berge, on y lave, qui sa lessive, qui sa vaisselle. Quelques barques chargées de denrées ou de matériaux remontent ou descendent le courant qui devient parfois imperceptible.

Cette partie de la promenade donne tout son intérêt à l'excursion de ce matin, et après deux heures à travers ce labyrinthe végétal, nous accostons au pied d'un verger où un couple d'horticulteurs nous accueille pour une rapide visite d'arbres fruitiers et bonzaïs. Le tout forme une composition bucolique animée par quelques oiseaux siffleurs et un perroquet bavard qui nous remercie de la visite en hochant la tête.

Il est maintenant 11 h 30 et je presse Chung mon batelier de rentrer à Cân-Tho ou j'ai prévu de libérer ma chambre d'hôtel à midi.

Une heure plus tard, je suis enfin à la sortie de Cân-Tho, et roule en direction de Soc-Trang dont les soixante kilomètres devraient être bouclés en deux heures. Après le premier tiers de ce tronçon, la route, en cours de réfection et d'élargissement alterne avec des portions de graviers poussiéreux et d'autres de bitume frais. Je dois vite me protéger du nuage grisâtre soulevé par le passage des véhicules et après la traversée de trois agglomérations du nom de Phung-Hiêp, et le franchissement acrobatique de ponts étroits, j'arrive enfin sur le dernier tronçon de ligne droite qui mène à Soc-Trang.

Hier, Chung m'avait conseillé de visiter le marché aux serpents de Phung-Hiêp, mais je remets cette visite à plus tard et arrive en même temps que l'orage à Soc-Trang. En fin d'après-midi, après quelques tours d'orientation, je m'installe à l'hôtel avant de préparer mon plan de visite pour le lendemain.

La ville possède un certain nombre de pagodes khmères à découvrir entre autres monuments et de plus, les prochains jours sont marqués par "Ooc om Boc" le festival khmer de "l'inversement des eaux" accordé à la pleine lune de novembre, dont l'apothéose sera la traditionnelle course de pirogues sur le canal ce mercredi. Tout comme au Cambodge où le sens d'écoulement des eaux du lac Tonlé-Sap et du Mékong est inversé par la réduction du débit fluvial, celles du Delta subissent l'assaut des marées du Pacifique dont les côtes sablonneuses ne sont qu'à une trentaine de kilomètres de Soc-Trang.

Une fois l'an, lors du 15ème jour de la dixième lune (celle de novembre), la communauté khmère organise le festival traditionnel de Ooc om Boc. Période de réjouissance, c'est celle où la Mère des Eaux, gorgée par les cataractes de la mousson inverse son débit. Après avoir inondé plaines et rizières pendant des mois, le Mékong recueille le trop-plein de milliers d'arroyos, rizières, champs submergés et autant de marécages qui refluent, comme je l'ai vu il y a quelques années sur la route de Phnom-Penh.

Le point d'orgue du festival est la course de pirogues traditionnelles sur le canal. Cette compétition récompensée par un prix est composée de quarante longues pirogues effilées et colorées. Trente de ces embarcations sont manœuvrées par la poigne d'hommes et dix par des jeunes femmes toutes aussi déterminées par la promesse d'une victoire éclatante. Ce spectacle haut en couleur attire une foule considérable de dizaines de milliers de Khmers qui affluent de toute la région et aussi du Cambodge. Ils se pressent sur les berges du canal qui traverse la ville où des tribunes ont été installées ou déambulent dans une ville devenue une immense foire. Soc-Trang accueille aussi des performances musicales, multiples attractions et stands alimentaires sans oublier les terrasses de restaurants bondées. Le verdoyant parc de la pagode Kh'léang accueille le pique-nique ou la sieste de centaines de familles assises sur des nattes à l'ombre de banyans, fromagers, aréquiers ou autres figuiers.

Je suis attiré par le son du xylophone et les psalmodies qui émanent du temple aux toitures surmontées de dragons. Bien qu'elle soit une des plus anciennes pagodes de bois de la région (construite en 1 553), elle est en bon état et comporte seize colonnes dorées et laquées. Ici aussi des familles profitent de la relative fraîcheur de ce monument au plafond richement décoré.

CHAPITRE 9

Mardi 15 novembre – 30 km.
Séjour à Soc-Trang

Mon hôtel étant au sud-ouest de la ville, c'est donc naturellement dans cette direction que je commence mes visites, avec d'abord Chua-Dôi, la Pagode aux chauves-souris à quatre kilomètres de la ville. Après avoir franchi un portique, on aperçoit le remarquable monument au toit doré posé comme un écrin dans un parc arboré. À l'intérieur, des scènes murales racontent la vie du Bouddha, alors que piliers et volets sont richement sculptés et peints de motifs colorés. Les dalles du sol et de la terrasse qui entoure le bâtiment sont d'une propreté méticuleuse et le gardien des lieux s'adresse à moi en français : "Vous habitez Paris ? Mon ami aussi habite Paris... et nous étions dans l'armée française d'Indochine...".

Il me rappelle quelques anciens francophones que j'avais rencontrés à Hanoï et sa région, nostalgiques de leur scolarité et qui se souvenaient de vers de Lamartine et autres proverbes appris par cœur !

Je poursuis la visite par une allée à travers le Parc et termine par un coup d'œil au grand hall coloré qui doit servir de salle commune et de dortoir pour moines et pèlerins. N'ayant pas vu trace de chauve-souris, je me mets bientôt en route pour la pagode Xa-Om à douze kilomètres en direction de Ca-Mau, dernière ville perdue au sud de la péninsule et que je n'ai pas prévu de rejoindre. Au dire d'un ami qui y a séjourné, cette bourgade aux confins du delta ne représente pas d'intérêt pour le tourisme ; elle serait la base d'accès aux plateformes pétrolières ancrées au large.

Xa-Om, ce monument recouvert de céramiques colorées est beaucoup moins spectaculaire que le précédent. Pourtant il s'agit d'une ancienne pagode de bois qui a été détruite, puis reconstruite de 1969 à 1985. À l'intérieur, un Bouddha ascétique médite sous un portique de bois sculpté et doré, ce qui contraste avec le personnage joufflu et ventru des temples taoïstes. Dans la cour à l'arrière, on remarque la collection de stûpas de formes et tailles diverses recouverts de céramiques colorées.

Dans le milieu de la matinée, je retourne à Soc-Trang où j'entreprends la visite de la majestueuse pagode Kh'léang posée sur une haute terrasse dans un parc qui constitue le cœur de la ville. La structure actuelle, bâtie au début du XXe siècle, remplace la pagode originelle en bois, qui datait de 1 533. J'admire les volets richement ciselés de scènes traditionnelles ainsi que les châsses de bois sculpté renfermant des objets de culte ancien. Le parc abrite aussi un bâtiment qui sert de pensionnat pour les moines étudiants et une grande salle disposant de nattes et ventilateurs pour le repos des pèlerins.

Le festival commence ce soir et des dizaines de cantines ambulantes sont en cours d'installation à travers le parc où l'on dispose des centaines de ces populaires petites chaises et tables en plastique.

On complète le dispositif par le déploiement de guirlandes et le montage de scènes ainsi que leur sonorisation. Les réjouissances commencent à 18 h 30 ce soir et se termineront tard dans la matinée de demain, pour se poursuivre au bord du canal avec la traditionnelle course de pirogues.

Les deux moines qui me guident dans la visite de la pagode, répondent à ma curiosité en m'emmenant de l'autre côté de la route dans la cour du musée dont ils amènent le conservateur. Celui-ci ouvre la porte de deux petites salles riches en objets et instruments traditionnels. Dans l'une d'elles, je distingue un grand panneau mural en français qui "remercie les généreux donateurs pour leurs dons à la communauté cambodgienne de Cochinchine".

Suit la liste des mécènes, figure le montant de leurs contributions en US$, avec en premier de liste, Son Excellence Le Roi Norodom Sihanouk lui-même, avec 1 million de US$.

De l'autre côté du carrefour qui avec le parc de la pagode, marque le centre-ville on aperçoit le clocher d'une église dans une trouée de verdure. Posé au fond d'un petit parc aux allées proprettes, le bâtiment aux portes closes ressemble à une de nos chapelles métropolitaines. Pour donner une touche inattendue au lieu, les paroissiens ont également installé un "Christ en croix" sur une butte au bord du parc et une "grotte à la Vierge" fleurie et scellée d'ex-voto.

En ce début d'après-midi, il me reste le temps de faire un saut à la pagode khmère Im Som-Rong dans un autre parc à la sortie de la ville. Avec ses portes en aluminium, fermées à cette heure de la journée, l'endroit ne semble pas offrir beaucoup d'intérêt et je termine par la visite de la pagode Dat-Set, invisible de la route mais accessible en entrant dans une cour étroite.

Dat-Set est connue comme étant "la pagode de terre", du fait que le moine vénéré en ces lieux a passé une grande partie de sa vie, jusqu'à sa mort en 1970, à sculpter des centaines de statues de terre, lesquelles sont disposées dans le bâtiment et sa cour arrière. L'intérêt majeur des lieux réside dans la paire de cierges de deux cents kilos et hauts de 2,60 m, allumés à la mort du moine et qui brûlent en permanence depuis. Comme il ne reste que 20 cm de cire à fondre et donc mathématiquement une durée limitée, deux autres cierges du même poids et de la même taille attendant de prendre le relais. On les remarquera facilement à leur couleur rouge mauve et leurs dragons bleus et jaunes sculptés dans la cire.

S'il fallait ne retenir que deux pagodes à visiter à Soc-Trang, pour ne pas lasser nos futurs touristes, je choisirai sans hésiter Chua-Dôi (la pagode aux chauves-souris) et la photogénique pagode Kh'Léang. Dans la foulée, la visite de cette dernière pouvant être combinée avec un rapide saut au musée et au parc de l'église.

Vers 19 heures j'essaye d'accéder au parc de Kh'Léang pour le festival, mais devant la foule compacte qui s'achemine vers les lieux et bloque le pont d'accès au centre-ville, je tente de trouver un stationnement pour la moto, ce à quoi je renonce pour la laisser en garde à l'hôtel Phuong-Lan.

C'est donc à pied que je me fraye un chemin dans une marée humaine, alors que les trottoirs sont envahis de vendeurs ambulants et de restaurants improvisés. Au passage je suis hélé par un "vous êtes français ?"

Un Viêt-kiêu (*vietnamien d'outremer « sic »*) moustachu assis à une de ces terrasses m'invite à boire un verre et nous faisons connaissance. Il s'appelle Vu et me présente sa femme Ha. Tous deux habitent la banlieue nord de Paris où ils sont restaurateurs et visitent ici leur famille de Soc-Trang qui tient la boutique où nous sommes attablés. Nous faisons part de nos activités et projets communs. Vu et Ha envisagent de venir s'installer au Vietnam et peut-être développer une activité touristique, pour laquelle ils ont déjà acheté 2 minibus Mercedes de 16 places.

Ce qui est une bonne idée à mon avis, car la route Cân-Tho – Soc-Trang, une fois rénovée permettra de raccourcir le temps de trajet et désenclavera cette province qui ne me semble pas accessible par des lignes de bus publics réguliers. Je les quitte après quelques collations et nous nous promettons de rester en contact.

L'effervescence est à son comble et plus tard dans la soirée, emporté par le flot humain qui défilera toute la nuit et le lendemain matin, je parviens à pénétrer dans l'enceinte du temple Kh'Leang ou je rencontre bientôt Son et Trang deux sympathiques jeunes femmes khmères venues elles aussi en touristes de leur village du delta. Elles ne parlent que khmère et vietnamien et c'est avec mes rudiments de cette langue que nous faisons connaissance et passons la soirée à déambuler parmi les stands avant de nous rendre à la foire commerciale qui se tient dans un autre grand parc à quelques centaines de mètres de là.

CHAPITRE 10

Mercredi 16 novembre – 110 km.
Départ de Soc-Trang – arrivée à Cai-Bé

En milieu de matinée je tente d'accéder aux berges du canal qui sont déjà occupées par une foule compacte, pire que celle de la veille. Des tribunes barrent la vue du canal et rendent impossible la vue du canal et des pirogues !

Il y a parait-il encore bien d'autres curiosités et attractions à découvrir dans la région et je suis conscient que le temps me manque maintenant. Je décide alors, à regret, de prendre le chemin du retour en prévoyant de remonter tout simplement en deux étapes vers Ho-Chi-Minh-Ville par la Nationale 1A afin d'arriver demain jeudi en début d'après-midi. Je quitte donc Soc-Trang vers 13 heures et suis accueilli par la pluie à l'entrée de Cân-Tho ou des trombes d'eau m'obligent à m'abriter sous la grande plate-forme d'une station-service.

L'après-midi est déjà bien avancée quand je traverse Cân-Tho et bientôt, le bras inférieur du Mékong. Je débarque dans la province de Vinh Long où après la traversée de Binh-Minh, bourgade encombrée de véhicules en tous genres, je parcours les 27 kilomètres qui me séparent de Vinh Long.

Je bifurque à gauche au rond-point qui marque l'entrée de la ville et file droit vers le Pont My Thuan à huit kilomètres à l'ouest.

Le pont dresse son immense tablier tendu de haubans à une centaine de mètres au-dessus du fleuve. Comme sur un tremplin ou une piste d'envol, je m'élance et le traverse à la tombée du jour alors que la lumière rasante du soleil fait miroiter le bras du Mékong qui serpente et se perds à l'horizon. Je me promets de revenir à une heure du jour plus propice à la photo pour immortaliser ce panorama unique. Je file maintenant dans l'obscurité et par prudence, m'installe bientôt dans un motel au bord de la route, à quelques kilomètres au nord de Cai-Bé.

Jeudi 17 Novembre – 100 kms.
Retour à Ho-Chi-Minh-Ville

La centaine de kilomètres qu'il me reste à parcourir sur la 1A jusqu'à Ho-Chi-Minh-Ville est un jeu d'enfant. Cependant il convient d'être prudent ; le trafic devient de plus en plus intense. Je ne crains pas trop les camions mais les paysans locaux aux réactions imprévisibles qui roulent à contre-sens ou qui, comme hier sur la route de Vinh-Long, traversent sans se soucier du flot de véhicules qui arrivent dans les deux sens.

Ces risques, je les ai calculés et je les connais depuis une décennie au Vietnam. Cependant, encore une fois, je recommande la prudence à celles et ceux qui souhaitent prendre la route en deux roues, que ce soit en solitaire ou en convoi. J'en suis à mes réflexions, quand une dernière averse me saisit et que je laisse passer, bien à l'abri à la sortie de My-Tho. Je reprends la route vers midi alors que le trafic se calme peu à peu, pause déjeuner oblige. Je franchis les derniers kilomètres de ligne droite qui mènent au quartier résidentiel de Phu-My Hung et m'élance bientôt sur le pont au trafic toujours dense de Ông-Lanh qui marque l'entrée dans le district 1 de l'éternelle Saigon.

Je descends de selle et regarde la Minsk, maculée de la poussière grisâtre de la route, agréablement satisfait de sa robustesse, son moteur économique posé sur le double berceau et son pare-carter très utile pour y poser les pieds quand il faut rouler dans des rues inondées. Elle se démarre à coup de kick et je la préfère à toutes celles qui s'allument à coup de pouce !

CONCLUSION

De retour à Ho-Chi-Minh-Ville, je retrouve Max, propriétaire du China Blue. Nous nous asseyons pour un debriefing chez lui devant une bière et je lui raconte mon périple au cours du dîner. Je ne cache pas mon enthousiasme et mon envie de participer en équipe avec lui-même et son pilote mécanicien à la mission de reconnaissance préalable à toute croisière. Celle-ci était envisagée et nécessaire pour régler les détails du repérage, escales, rencontres, visites et du budget.

Mais il m'arrête dans mon enthousiasme et me révèle alors les problèmes auxquels il fait face avec sa partenaire vietnamienne pour la commercialisation de croisières fluviales. Il me fait part de son intention de jeter l'éponge et vendre le China-Blue pour lequel il aurait un potentiel acheteur. Je reste bouche bée car je croyais fermement à ce beau projet qui me faisait rêver.

Quelques jours plus tard, en guise d'adieu et afin que je ne me berce plus d'illusions, il me donne rendez-vous au pied d'une tour de bureaux sur Nguyen-Hué, une des artères principales qui mène à la rivière Saigon. Je vois les portes vitrées de l'immeuble s'ouvrir et Max sortir avec celui qu'il me présente comme étant le nouvel acquéreur du China-Blue à qui il remet les clés en guise de conclusion. Je reste coi, impassible car ce n'est pas la première fois que j'assiste à des revirements que j'observe depuis avec détachement !

Didier René – Ho-Chi-Minh Ville, le 26 Nov. 2005

TABLEAU DES DISTANCES

Départ	Arrivée	Kms.
Ho Chi Minh Ville	Vinh Long	156
Vinh Long	Sadec	46
Sadec	Cao-Lanh	73
Cao Lanh	Cao-Lanh	60
Cao Lanh	Chau-Doc	80
Chau Doc	Chau Doc	40
Chau Doc	Kien Luong	75
Kien Luong	Ha Tien	45
Ha Tien	Long Xuyen	170
Long Xuyen	Cân-Tho	80
Can Tho	Cân-Tho	15
Can Tho	Cân-Tho	20
Can Tho	Soc-Trang	65
Soc Trang	Soc-Trang	30
Soc Trang	Cai-Bé	110
Cai Bé	Ho-Chi-Minh Ville	100
TOTAL		1125

ANNEXE

Le Minsk Club de Hanoi

Mais que font ces grands diables au long nez sur leur drôles de bécanes ? Pour en savoir plus, nous avons interrogé le porte-parole du Minsk Club.

Ci-dessous : voici l'interview d'un des représentants du Minsk Club de Hanoi parue dans l'édition de décembre 1999 de l'Echo des Rizières (*journal d'information de l'Amicale des Français du Vietnam*)

— D'où est venue l'idée de créer un club dédié à une moto biélorusse ?

— A l'origine, à partir de 1995, nous n'étions qu'une poignée de voyageurs et résidents passionnés par la découverte des contrées sauvages du nord du Vietnam et nous passions le plus clair de notre temps à parcourir les régions montagneuses et reculées qui offrent des paysages d'une beauté incomparable.

Il est bien vite apparu que la Minsk MMVZ de fabrication biélorusse est la moto idéale pour visiter ces contrées ; d'un entretien facile, elle ne nécessite pas de grandes connaissances en mécanique et ce modèle étant largement répandu dans tout le nord du Vietnam, nous trouvons partout des mécaniciens habiles à la réparer en cas de panne, contrairement à d'autres motos sophistiquées.

L'idée de partager nos expériences, nos connaissances, avec tous ceux qui souhaitent visiter le Vietnam ''autrement'' dans un esprit d'aventure et de camaraderie, s'est imposée d'elle-même, et nous avons organisé un premier rassemblement à Hanoi en Mars 1998.

– Combien de personnes se sont rendues à cette rencontre ?

– Nous avons eu la surprise de constater ce jour-là, que quatre-vingt étrangers à Hanoi partageaient notre passion pour la Minsk et la découverte des espaces sauvages, aussi, depuis cette date, nous organisons régulièrement des rassemblements, des rallyes, des soirées, sans compter les réunions informelles. Nous proposons pour tout nouvel adhérent, une carte de membre offrant des réductions ou une assistance dans un certain nombre d'établissements qui soutiennent le Club à Hanoi, lequel fonctionne à but non lucratif et n'a d'autre objet que de rassembler des gens passionnés par la découverte du Vietnam hors des sentiers battus.

– Le 1er anniversaire au bord du Lac de l'Ouest a été une date mémorable pour le Club. Combien de personnes y ont participé ?

– La célébration festive de mars 1999 au Khuc-Hao Club a rassemblé plus de trois cent participants, membres et sympathisants, et cette rencontre a été l'occasion de se retrouver ou de faire connaissance autour d'un méchoui et d'un buffet impressionnant, pendant que nos amis musiciens animaient la soirée. De plus, des balades en bateau sur le lac et d'autres animations ont permis aux convives de garder un très bon souvenir de cette fête.

– Et pour les nouveaux membres, que proposez-vous d'original et de différent ?

– La philosophie du Hanoi Minsk Club peut se résumer ainsi : Aventure et Indépendance. Tous ceux qui souhaitent visiter le Vietnam en long et en large et découvrir des régions reculées, parfois inaccessibles aux véhicules de tourisme, sont les bienvenus. Nous organisons pour eux, des rallyes ''sur-mesure'' avec assistance technique. Tous les visiteurs intrépides, individuels ou groupes qui souhaitent accéder à des zones reculées, souvent d'accès difficiles, peuplées de minorités ethniques farouches, on leur place au Minsk Club.

A tous ceux qui ne craignent pas les pistes embourbées ou caillouteuses, les franchissements de gués, de cols perdus dans les nuages, les éventuelles crevaisons et pannes, nous apportons le soutien d'un vrai réseau, avec un site-web et un point de contact à Hanoi où ils peuvent trouver infos pratiques et conseils techniques indispensables pour faire les premiers pas, (ou plutôt les premiers tours de roues) hors des routes fréquentées.

— Quel fut le programme été/automne du Minsk Club ?

— Pour que tous les membres, anciens et nouveaux, puissent se retrouver autour d'un buffet monstre, un grand rassemblement a de nouveau été organisé le samedi 10 juillet au Khuc-Hao Club. Une fois encore, animations diverses, prestations musicales, promenades en bateau, concours de peinture, bar et buffet ont permis à tous de passer une soirée inoubliable. De plus, la boutique de tee-shirts et casquettes Minsk exclusifs a permis à chacun de garder un souvenir original de leur club préféré !

— On a dit que le Président biélorusse de Minsk International (l'entreprise fabricant ces motos pour l'ex URSS et les pays-frères) était intrigué par l'existence de votre club. Pourquoi ?

— Un des évènements majeurs de l'été, ce fut la visite à Hanoi, le 23 juillet, de M. Iavinsky, PDG de Minsk int'l., lequel, à sa grande surprise, fut accueilli à son arrivée à l'aéroport par une délégation de nos membres avec des fleurs et un pot de bienvenue. Le dimanche suivant, lors d'une rencontre autour d'un buffet dans une brasserie, ce fut l'occasion de l'écouter et de recevoir ses vœux de succès et son soutien au club, qui est le tout-premier du genre.

— Le mot de la fin ?

— La conclusion s'adressera à tous ceux qui veulent découvrir le Vietnam autrement qu'à travers la vitre d'un autocar, aux amateurs d'expériences inédites et d'émotions fortes, à qui nous disons : Bienvenue au Club !

Didier René

Hanoi, le 04 Octobre 1999

Revu et corrigé à Saint-Maximin le 18/09/2024
Infos, blog et carte sur didierene.com

Table des matières

Préambule – *Pourquoi le delta du Mékong ?* … 7

Chapitre 1 - *En selle* ……………………..… 15

Chapitre 2 – *Départ de Vinh-Long* …………...... 21

Chapitre 3 - *Départ de Sadec* ………………… 25

Chapitre 4 - *Départ de Cao-Lanh*………………. 31

Chapitre 5 - *Départ de Châu-Dôc* ..…………... 37

Chapitre 6 - *Départ de Ha-Tiên* …………..…… 43

Chapitre 7 - *1ère journée à Cân-Tho* …………… 49

Chapitre 8 - *Départ de Cân-Tho* ……………… 53

Chapitre 9 - *Séjour à Soc-Trang* ……………… 59

Chapitre 10 - *Départ de Soc-Trang* …………… 65

Conclusion …………………………………….. 69

Tableau des distances …………………………. 71

Annexe – *Le Minsk Club de Hanoi*…………….. 73

Table des matières ……………………………… 79